Songs of Love

by Arto Juhani Heino

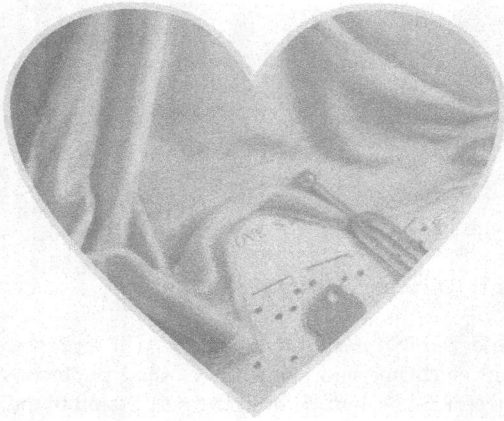

Dedicated to the one I love

Publisher

Ion Art – 1876406038

84 Hemphill Avenue

Mount Pritchard

2170 NSW

Songs of Love, Dedicated to the one I love

ISBN 978-1-876406-06-6

Arto J Heino 1955-

Printed by Create Space

Created, Written and Illustrated by Arto Juhani Heino (c) 1980-2020

Contents

Calling You

by Arto Juhani Heino 2018

BALLAD
4/4 **Chorus:**

| G6 | Fmaj7 C | G6 | Fmaj7 C |

I'm calling you,   I'm calling my   love

| G6 | Fmaj7 C | G6 | Fmaj7 C |

I'm calling you,   I'm calling my   darling

Bridge:

| Dm | G | Dm | G |

Do I need to say my name,   Do I need to say who I am

Verse 1:

| C | Em | Am | C | Am | F |

It's just love for you and I,   We must come together

| C | Em | Am | C | Am | F |

It's just love for you and I,   We must be   forever

Chorus:
G6   Fmaj7 C   G6   Fmaj7 C
I'm calling you,   I'm calling my   love
G6   Fmaj7 C   G6   Fmaj7 C
I'm calling you,   I'm calling my   darling

Bridge:
Dm   G   Dm   G
Do I need to say your name,   Do I need to say who you are

Verse 2:
C   Em   Am   C   Am   F
Our love heart in the sky,   We found how to fly
C   Em   Am   C   Am   F
Our love caught up so high,   We know when and why

Out:
Dm   G   Dm   G   C
Do we need to show our love,   You are my love...

Songs of Love

Morning Light

by Arto Juhani Heino 2019

4/4

Chorus:

G   D   Em   G   D   A

We can no longer hide our love   We can no longer be so lonely

G   D   Em   G   D   A

you can no longer hide your love You can be together with me only

Verse 1:

D   Dmaj79   Am   Am7   C

I see your smile   in the morning light and I cry only late at night

D   Dmaj79   Am   Am7   C

I feel your love   in your eyes and I see your face with such sighs

Chorus:

G   D   Em G   D   A
We can no longer hide our love We can no longer be so lonely
G   D   Em G   D   A
you can no longer hide your love You can be together with me only

Verse 2:
D   Dmaj79
Our love is in our dreams
Am   Am7   C
Our love is growing all the time
D   Dmaj79
Your face is in my mind
Am   Am7   C
My face is what you find

Chorus out:
G   D   Em G   D   A
We can no longer hide our love We can no longer be so lonely
G   D   Em G   D   A
you can no longer hide your love You can be together with me only...

Songs of Love

When Summer Comes

by Arto Juhani Heino 2018

4/4 Intro:

| D9 | Dsus4 | D9 | Dsus4 |

Verse 1:

D9   F#m   G   A

I keep hearing the birds in heaven they just keep calling my name

D   F#m   Bm   A

I'm going to feel the passing way I'm not afraid of leaving alone

Chorus:

D   G GM7 D   D   A   G   D

when summer comes, we hope and pray the pain has gone

D   A   G   D   C   F   G   Em/G

We stop and say that life was fun.

Verse 2:

D9   F#m   G   A
You keep hearing the birds in heaven they just keep calling your name
D   F#m   Bm   A
You're going to feel the passing way you're not afraid of loving with me

Chorus:

D   G   GM7 GM7/D   D
when summer comes
D   A   G   D
we hope and pray the pain has gone
D   A   G   D
we stop and say that life was fun

C   F   G   Em/G   C   F   G   Em/G   C...

Girl Like You

by Arto Juhani Heino 2019

Intro:

Verse 1:

I'm in love with a girl like you and you are every - thing

I'm in love with a day dream baby and you can make me sing

Chorus 1:

Just be my la - dy just be with me

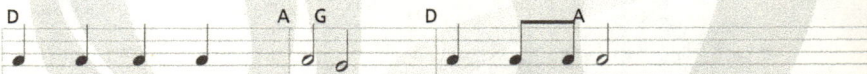

I'll warm your heart h-oney just set it free

Verse 2:

```
G                   D              C              G
You're in love with a guy like me and I am your everything
G                   D              C                      G
You're in love with a day dream seer and we are complete in everything
```

Chorus 2:

```
D          A G D             A
I'll be your baby you'll be with me
D            A   G  D        A
we'll warm our hearts closely when we are free
```

Verse 3:

```
G               D            C           G
We're in love with each other and we are everything
G               D                  C              G
We're in love with our day dream feelings and we are really something
```

Chorus 3:

```
D            A G D             A
I'll hug your body you caress with me
D            A   G  D        A
We'll warm our souls openly when we are set free....
```

Songs of Love

I Miss My Love

by Arto Juhani Heino 2018

4/4 Intro:

| D | Em | F#m | D | F#m | A |

Verse 1:

D   Bm   G   A   D   Bm

You know how much   I love you baby,   You know how much

G   C   A   D   Bm

I really care   my darling   I know how much

G   A   D   Bm   G   C   A

you want me baby I know how much you told me where we are starting

Chorus:

Dsus4   D   A   Em   Dsus4   D   A

I miss you,   my honey child,   I miss my love

Dsus4   D   A   Em   Dsus4   D   A

I miss you,   a lonely child,   you miss our love

Verse 2:

D   Bm   G   A
You know how such a love is maybe
D   Bm   G   C   A
You know how much It can be rare our feeling
D   Bm   G   A
I know how such a love can stay here
D   Bm   G   C   A
I know how much you tried to keep on giving

Chorus:

Dsus4   D   A   Em
I miss you, my honey child
Dsus4   D   A
I miss my love
Dsus4   D   A   Em
I miss you, a lonely child
Dsus4   D   A
You miss our love....

Love You Today

by Arto Juhani Heino 2018

Intro:
C   Em7   Am9

Verse 1:

C	Em	G 3	D

I am never too old   or tired,   to be in love with you

C	Em	G F#m D	C

You are the one for   me forever,   love me, love you today

Chorus:

A	Em	A 3	Em

why can't you just   love me,   If only   you could see

A	Em	G 3	D

why can't we be   together,   In embrace   and be free

Verse 2:
```
C                 Em  G            D
I am sad you said to me, we can't be in love
C                 Em       G   F#m  D        C
We can be dancing in the heather, love me,  love you today
```

Chorus:
```
A               Em      A              Em
Why can't you just love me, If only you could see
A           Em        G              D
Why can't we be together, in embrace and be free
```

Verse 3:
```
C                 Em      G                    D
It's not age that we define, what it means to be alive
C                 Em       G   F#m  D        C
Its who we are in soul inside, love me,  Love you today
```

Chorus:
```
A               Em      A              Em
Why can't you just love me, if only you could see
A           Em        G              D
Why can't we be together, in embrace and be free...x 2
```

Songs of Love

She's Got Long Dark Hair

by Arto Juhani Heino 2018

ROCK

Intro:

Verse 1:

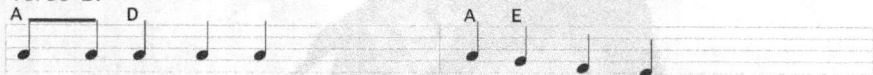

She's got long dark hair,   and tight blue jeans

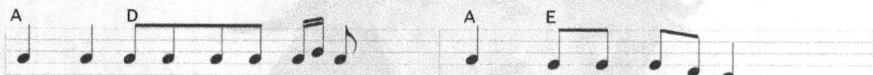

she's my pretty little lady   that's dancing in my dreams

Bridge:

She walks on by says hello she gives me a sign I want to tell her so that

Chorus:

I love you honey and I need you babe I love you dearly and I want your day when

Verse 2:

```
A           D            A    E
She's my love that cares, her eyes shines and gleams
A           D          A    E
she's my loving sweet lady, that's playing with my dreams
```

Bridge:

```
G               A         G               A
She walks on by says hello she gives me a sign I want to tell her so that
```

Chorus:

```
D               E           D               E
I love you honey and I need you babe I love you dearly and I want your day when
```

Verse 3:

```
A           D         A      E
She got my heart she wares, and a love that shines
A         D       A    E
she's a loving future, that's an answer to my dreams
```

Bridge:

```
G               A         G               A
She walks on by says hello she gives me a sign I want to tell her so that
```

Chorus:

```
D               E           D
I love you honey and, I need you babe, I love you dearly and
E                 A
I want your day ... My Love
```

Songs of Love

So Completely

by Arto Juhani Heino 2018

4/4 Intro:
G6   A

Verse 1:

G6   Amaj7   F#m9   Em

I love you so deeply,   My love is very real

G6   Amaj7   F#m9   Em

I love you more greatly,   You are what I feel

Bridge:

A   D   A   G

Only time will tell,   we love so well

A   D   A   G

Boldly chimes a bell,   when loves a spell

Verse 2:
G6   Amaj7
I love you so completely
F#m9   Em
Your love will heal
G6   Amaj7
I love you absolutely
F#m9   Em
Our hearts do feel

Bridge:
A   D
Only time will tell
A   G
We love so well
A   D
Boldly chimes a bell
A   G
when loves a spell

Three Smiles

by Arto Juhani Heino 2018

4/4

Intro:
E7sus4   E7sus4

Verse 1:
| E7sus4 | Amaj7 | A Amaj7 |

Give me three smiles,   and I'll always love you

| E7sus4 | Amaj7 | Dmaj7 | A Amaj7 |

Give me three sighs,   and I'll show you I care

Bridge:
| F#m7sus4 | Esus4 E | F#m7sus4 | Esus4 E |

Don't cry my ba - by,   Love try my ho - ney

Verse 2:
| E7sus4 | Amaj7 | A Amaj7 |

Ill give you three smiles,   and to always love you

| E7sus4 | Amaj7 | Dmaj7 | A Amaj7 |

Ill give you three sighs,   and to show you I care

Chorus:
| D9 | Dmaj79 Am9 | D9 | Dmaj79 Am9 |

Living life in   peace,   Choosing life in   seed

| D9 | Dmaj79 Am9 | D9 | Dmaj79 Am9 |

Seeing your wonderful   face,   Giving life in   need

Verse 1:

Bridge:

Chorus:

Songs of Love

Paper Flower

by Arto Juhani Heino 2019

4/4 Intro: Dm79   Cmaj7

Verse 1:

Dm79   Cmaj7   G   Fmaj7

I gave you my paper flo wer and you took my heart

Dm79   Cmaj7 G   Fmaj7

you gave me a smile and I took this mem o ry

Chorus 1:

F   Em   G   C   F   Em   G   C

This love is all I ever need My love is all I ever give

F   Em   G   C   **Break** Dm79   Cmaj7

Your love is all I ever see

Verse 2:

Dm79   Cmaj7 G   Fmaj7
If I ever see you again another paper flower I will send
Dm79   Cmaj7 G   Fmaj7
across the curtains of time my aching heart there will end

Chorus 2:

F   Em   G   C   F   Em   G   C
This love is all I ever need Your the one who's heart was saved
F   Em   G   C   Dm79   Cmaj7
Our love is all we'll ever see

Verse 3:

Dm79   Cmaj7   G   Fmaj7
You took my paper flowers and you shook my heart
Dm79   Cmaj7 G   Fmaj7
I gave you a smile and you looked in my soul

Chorus 3:

F   Em   G   C   F   Em   G   C
This love has always been My love is all I ever give
F   Em   G   C   Dm79   Cmaj7
Your love is all I'll ever need

You Know I Love You

by Arto Juhani Heino 2017

4/4 Intro:

| C | Am | E7 | Am |

Verse 1:

C   Am   E7   Am

You know I have loved you,   I'm living in my dreams

C   Am   E7   Am

You once loved me too,   I'm crying so it seems

Bridge:

Dm   Fmaj7   F#m7/B   Dm   E7   E79/A   Am

Hey my babe,   I'm crying,   today its our way, I'm crying for you

Chorus:

Em   D   Em   D   G G/F#   G/E

Its always you,   Its way too soon,   I love my baby

G   G/F# G/E   Cmaj7   A9   Cmaj7   A9

You're my only honey,   I do miss you,   I will never lose

Verse 2:

C   Am   E7   Am
I know we have loved too, We're giving in to our dreams
C   Am   E7   Am
I have loved you too, We're crying it seems

Bridge:
Dm   Fmaj7   F#m7/B   Dm   E7   E79/A   Am
Hey my babe, I'm crying, Today its our way, I crying for you

Chorus:
Em   D   Em   D
Its always you, Its way too soon
G G/F#   G/E   G   G/F#   G/E
I love my baby, Your my only honey
Cmaj7   A9   Cmaj7   A9
I do miss you, I will never lose...

Songs of Love

Your Smile

by Arto Juhani Heino 2018

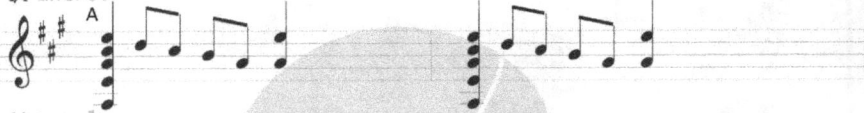

4/4 Intro: A

Verse 1:

A   Amaj7   E   F#m

Your smile is   so beautiful,   so wonderful,   it broke my heart

Bm   F#7   Bm E

You're Beautiful,   you're wonderful,   My Love

Chorus:

Bm   F#m   A

I hear your name,   everywhere I go,   simply said I know

E   Bm   F#m

That I love you.   I feel your smile,   everywhere I turn,

A   E

Every day of time,   that our hearts yearn

Verse 2:

A   Amaj7   E   F#m
Your eyes are so beautiful, So wonderful, they broke my heart
Bm   F#7   Bm E
You're Beautiful, you're wonderful, my love

Chorus:

Bm   F#m
I hear your name, Everywhere I go
A   E
Simply said I know, That I love you
Bm   F#m
I feel your smile, Everywhere I turn
A   E
Every day of time, That our hearts yearn...

Songs of Love

Indigo Woman

by Arto Juhani Heino 2019

12/8

(Musical notation with chords: D, A, G, A)

Indigo woman I'm in love with you, Never seen a heart so clear and pure

(Musical notation with chords: D, A, G, A)

when you know some in love are true, Never let my heart be without you

(Musical notation with chords: G, Em, Am, D, G, Em, Am, D)

I see my baby in the distant night, I see her shining so very bright

(Musical notation with chords: E, F#m, A, Bm, D, Em)

Together we are,   Together to see,   Forever as we

Verse 2:
```
D       A              G         A D        A          G     A
Indigo woman you're in love  with me, You've seen my heart ache endure
D       A     G        A D      A        G          A
When we say some in love are few, Never be far my love without you
```

Chorus 2:
```
G         Em           Am      D G          Em          Am    D
You see me only in the distant night, You see me shining so very bright
E       F#m    A          Bm   D               Em
Together we are , Together to see, Forever as we
```

Verse 3
```
D       A     G              A      D         A          G     A
Indigo woman I'm in love  with you, Never seen a heart so clear and pure
D       A     G        A D        A          G          A
When you know some in love are few, Never let my heart be without you
```

Smile on Your Face

by Arto Juhani Heino 2017

Verse1:

when she smiled at me, I can also see, How much she really loves me.

Chorus:

wind blown hair and a smile on your face, we can be happy together

Long drawn fair you are my girl,   we can be smiling forever

Verse 2:
```
Bm7        A
when she laughed with me
Bm7          A
Forever bonding you to we
C        Em      G        D
How much we really love you see.
```

Chorus:
```
D           F#m           G
Wind blown hair and a smile on your face
D           F#m       G
we can be happy together
D           F#m          G
Long drawn fair you are my girl
D           F#m          G
we can be smiling forever
```

Outro:
```
Bm7 A  Bm7 A
C         Em G           D
I can say I really love you...
```

May I Love

by Arto Juhani Heino 2017

4/4 Intro:

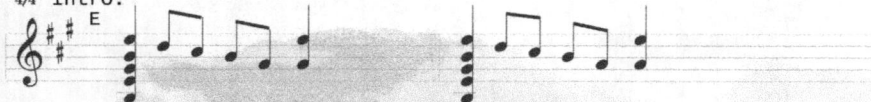

Verse 1:

| E | D | Bm7 | A | | E | D Bm7 | A |

May to me, be to you,　　　　　Fire , Water , Sun

| E | D | Bm7 | A | | E | D | Bm7 A |

May I truly love you,　　　　　Together embrace someone

D.C.

Chorus:

| A | | | E | | D | | A | |

Hey I Love you,　　　　　Hey I love just you

Verse 2:
```
E    D    Bm7 A    E    D Bm7 A
Mai Tume  Ba--hut, Pyaar Karta Hunn
E    D    Bm7 A    E         D    Bm7 A
May I truly love you, Together embrace someone
```

Verse 3:
```
E    D    Bm7 A    E D    Bm7  A
Why I need you baby, I send to my lady
E    D    Bm7 A    E         D    Bm7 A
May I truly love you, Together embrace someone
```

Verse 4:
```
E D    Bm7      A    E    D    Bm7 A
Wo xiang yao ni de nu hai, Wo ai ni de nu shi
E    D    Bm7 A    E         D    Bm7 A
May I truly love you, Together embrace someone
```

Verse 5:
```
E D Bm7  A    E   D Bm7 A
I do love you , You do love me
E    D    Bm7 A    E         D    Bm7 A
May I truly love you, Together embrace someone
```

Verse 6:
```
E  D  Bm7       A      E    D  Bm7      A
Kei te aroha au I a koe, e aroha ana koe ki ahau
E    D    Bm7 A    E         D    Bm7 A
May I truly love you, Together embrace someone
```

Chorus Out...

We Are In Love

by Arto Juhani Heino 2018

4/4 Chorus:

C	Am

I am your honey, and you are my rose

C	Am

We are together, forever and always

Bridge:

C	F	G	C

I found my love I adore, she is the one I was waiting for

Verse 1:

Fmaj7 Am7 Cmaj7	Dm Dm7 G

We are in love, hearts we have

Fmaj7 Am7 Cmaj7	Dm Dm7 G

Bound in harmony, caress with me

Chorus:

C	Am
I am your honey,	and you are my rose
C	Am
We are together,	forever and always

Bridge:

C	F	G	C
I found my love I adore,		She is the one I was waiting for	

Verse 2:

Fmaj7 Am7 Cmaj7	Dm Dm7 G
See the dove,	hearts we gave
Fmaj7 Am7 Cmaj7	Dm Dm7 G
Found our way,	whisper to me...

You And Me Together

by Arto Juhani Heino 2017

4/4 **Intro:**

Fmaj7　　Cmaj7　　　　Fmaj7　　Cmaj7

Verse 1:

Fmaj7　　Cmaj7

You and me together,

Fmaj7　　Cmaj7

loving you so much better

Dm7　　Am

Left alone with your passion,

Dm7　　Am

together we sanction

Chorus:

Gmaj7 Dmaj7　　　Gmaj7 Dmaj7 D　Dmaj7　　Gmaj7 Dmaj7

Our　love,　　　our　time together,　Our　love

Gmaj7 Dmaj7 D　Dmaj7　　Gmaj7　　Dmaj7

We　are　inside each other,　only　our love

Verse 2:
Fmaj7　　Cmaj7
You can see wether we are
Fmaj7　　Cmaj7
Wrapping our arms together
Dm7　　Am
Right with our true passion
Dm7　　Am
Forever we are a bastion of

Chorus:
Gmaj7 Dmaj7
Our　love
Gmaj7 Dmaj7 D　Dmaj7
Our　time　together
Gmaj7 Dmaj7
Our　love
Gmaj7 Dmaj7 D　Dmaj7
We　are　inside each other
Gmaj7　Dmaj7
Only　our love...

Songs of Love

I Want To Paint A Picture Of You

by Arto Juhani Heino 2017

4/4 Intro:

Verse 1:

| D | Dmaj7 | Bm | | D | Dmaj7 | Bm |
I want to paint a picture of you,   I love to paint a picture of you

| D | Dmaj7 | Bm | | D Dmaj7 Bm |
I can feel your soul,   we are   whole

Chorus:

| A | G | | A | G |
We are on this journey,   spending time just learning

| A | G | | A | G |
About our love together,   we share that letter

Verse 2:
D   Dmaj7   Bm
I want to paint a picture of you
D   Dmaj7   Bm
I feel to paint a picture of you
D   Dmaj7   Bm
I can feel your soul
D Dmaj7 Bm
We are   whole

Chorus:
A   G
We are on this journey
A   G
Spending time just learning
A   G
About our love together
A   G
We share that letter

Verse 3:
D   Dmaj7   Bm
I want to paint a picture of you
D   Dmaj7   Bm
I burn to paint a picture of you
D   Dmaj7   Bm
I can feel your soul
D Dmaj7 Bm
We are   whole

Outro
D Dmaj7 Bm A G   D
         I love you....

Songs of Love

I Wrote You A Song

by Arto Juhani Heino 2019

4/4 Intro:

Verse 1:

| Bm | | A | Asus4 E | | Esus7 E7 E |

I am the only one that wrote you a love song, *love my babe*

| Bm | | A | Asus4 E | | Esus7 E7 E |

You are the only one that I ever care for so long, *loving you*

Bridge 1:

| Bm | F#m | Bm | A9 |

We are at the beginning, Our hearts are longing

| Bm | F#m | Bm | A9 |

For a love to show, For a clove to grow

Verse 2:
Bm   A   Asus4   E   Esus7 E7   E
In our joining of a love we have now, *my love babe*
Bm   A   Asus4   E   Esus7 E7   E
Never parting from the love I gave thou, *your beautiful*

Bridge 2:
Bm   F#m   Bm   A9
We are much closer, My heart shows her
Bm   F#m   Bm   A9
We need the life in our soul, We seed around in our soil

Verse 3:
Bm   A   Asus4   E   Esus7 E7   E
I am the only one that drew your likeness in our love throng, *I   adore you*
Bm   A   Asus4 E   Esus7 E7   E
You soul is the only one with such brightness for a love song, *soul----ful love*

Bridge 3:
Bm   F#m Bm   A9
We need some where, Our hearts do care
Bm   F#m   Bm   A9
We read our love in our soul, We seed the world with our toil

Verse 4 out:
Bm   A   Asus4 E   Esus7 E7   E
I am the only one that wrote you a love song, *with your name*
Bm   A   Asus4   E   Esus7 E7   E
You are the only one that I ever care for so long, *its   our fate ...* x2

My Rose

by Arto Juhani Heino 2018

4/4

Intro:
Bm/D

Chorus:

Bm/D   Asus4/D   G/D

I love you,   I care for you,   I dream of you

D   A   D   G

My rose,   my rose,   my rose,   my love

Verse 1:

C   Csus2   C/B   Am

You'll always be   just a dream in my heart

C   Csus2   C/B   Am

In our misty ancient   world we never part

Chorus:
Bm/D   Asus4/D   G/D
I love you,   I care for you,   I dream of you
D   A   D   G
My rose,   my rose,   my rose,   my love

Verse 2:
C   Csus2   C/B   Am
Your beauty is something I can really enshrine
C   Csus2   C/B   Am
My love is more than my heart in our time

Chorus:
Bm/D   Asus4/D   G/D
I love you,   I care for you,   I dream of you
D   A   D   G
My rose,   my rose,   my rose,   my love....

Songs of Love